Las siete palabras de Jesús y los siete dolores de María

JOSÉ MARÍA FERNÁNDEZ LUCIO, SSP

Las siete palabras de Jesús y los siete dolores de María

SAN PABLO

© SAN PABLO 2025
  Protasio Gómez, 11-15. 28027 Madrid
  Tel. 917 425 113
  secretaria.edit@sanpablo.es
  www.sanpablo.es
© José María Fernández Lucio, 2025

Imagen de portada: Pilar Fernández Lucio

Distribución: SAN PABLO. División Comercial
Resina, 1. 28021 Madrid
Tel. 917 987 375
ventas@sanpablo.es
ISBN: 978-84-285-7309-2
Depósito legal: M. 5.875-2025
Impreso en Artes Gráficas Gar.Vi. 28970 Humanes (Madrid)
Printed in Spain. Impreso en España

Las siete palabras de Jesús

Introducción

Toda palabra pronunciada, cuando alguien está a punto de morir, adquiere un significado especial para aquellos que las reciben, cuánto más no tendrán aquellas pronunciadas por el Hijo de Dios, que «pasó haciendo el bien y curando a los oprimidos por el demonio, porque Dios estaba con él» (He 10,38). Es por ello que aquellas palabras pronunciadas por Jesús de Nazaret en la hora de su muerte, adquieren gran significado en la Tradición y la devoción del pueblo que quiere asociarse a la Pasión del Señor durante los días santos, en especial el viernes, cuando Jesús sube al Calvario para bajar a lo más profundo de la tierra con el objetivo de poder levantarnos, de redimirnos con su sangre.

Llegados a la tarde de este Viernes Santo y después de acompañar al Señor por la vía dolorosa, con sus sufrimientos y angustias, nos unimos a su

Pasión a la hora nona, cuando las tinieblas invaden el mundo y todo parece terminar en desolación, terror y abandono. Es en ese momento en que aquel que cuelga del madero pronuncia siete frases desgarradoras en su lecho de muerte, una especie de testamento espiritual que nos invita a la reflexión y la meditación de la hora final.

Las «siete palabras» –como comúnmente se conoce– se presentan como una situación por la que, inevitablemente pasa, en un momento u otro de su existencia, todo aquel que cree en Jesucristo. Son como una profecía-cumplimiento del Antiguo Testamento: «Sabiendo que todo se había consumado, para que se cumpliera la Escritura» (Jn 19,28). Y suponen una invitación a acompañar a Cristo en su muerte para poder renacer con él en su Resurrección, sepultando al hombre viejo, del que habla san Pablo, para revestirnos del hombre nuevo.

Se trata de las mismas palabras de Jesús expresadas en hebreo o arameo; o mejor, del recuento de siete frases pronunciadas por Jesús en el momento de su agonía en la cruz, según los evangelios.

El evangelista Lucas relata las dos primeras palabras y la última: «Padre, perdónalos, porque no saben lo que hacen» (23,34); «Te aseguro que hoy estarás conmigo en el paraíso» (23,43); «Padre, en tus manos encomiendo mi espíritu» (23,46).

El evangelista Juan, con sus signos y lenguaje teológico profundos, da cuenta de tres de ellas, la tercera: «"Mujer, ahí tienes a tu hijo". Luego dijo al discípulo: "Ahí tienes a tu madre"» (19,26-27); la quinta: «Tengo sed» (19,28), y la sexta: «Todo está cumplido» (19,30).

Finalmente, Mateo y Marcos mencionan solamente una, la cuarta: «*"Elí, Elí, lemá sabactani?"* (que quiere decir: Dios mío, Dios mío, ¿por qué me has abandonado?)» (Mt 27,47), y «*"Eloí, Eloí, lemá sabaktani"*, que quiere decir: "¡Dios mío, Dios mío!, ¿por qué me has abandonado?"» (Mc 15,34). Ambos evangelistas han recurrido a Sal 22,2, que expresa muy bien la situación en que se encuentra Jesús en los instantes en los que retorna al Padre mediante la entrega.

Las siete palabras no solo se han recordado mediante la predicación a través de los siglos, sino también en la iconografía, en la pintura y en la música sagrada. Recurrir solo al título nos llevaría muy lejos y no es esta la finalidad de la obra. Sirvan estas reflexiones para acompañar nuestra meditación en el día santo de la muerte del Señor.

Primera palabra:
«Padre, perdónalos, porque no saben lo que hacen»
(Lc 23,34)

Jesús abre y cierra su testamento espiritual invocando a su Padre del cielo, es decir, todo el relato de la Pasión del Señor es un diálogo profundo entre el Hijo que se entrega y el Padre que entrega a su único hijo, y que está marcado por la expresión «*Abbá*», palabra aramea que denota la cercanía y el cariño de los niños judíos por sus padres.

¿Por quién invoca perdón al Padre? Es en este diálogo en el que Jesús intercede por la humanidad entera que, por sus culpas y pecados, lo ha condenado a muerte. Son aquellos que lo entregaron al escarnio y el sufrimiento; y nosotros que todavía hoy seguimos entregándolo, torturándolo y matándolo.

Sin embargo, Jesús muere perdonando y pidiendo por nosotros. Paradójicamente se entrega voluntariamente: «Doy mi vida para recobrarla de nuevo, nadie me la quita» (Jn 10,17-18). Todo ello para hacer la voluntad de su Padre.

San Pablo nos dirá: «Al que no conoció pecado, lo hizo pecado en lugar nuestro, para que nosotros seamos en él justicia de Dios» (2Cor 5,21), y el profeta Isaías completará esta imagen afirmando: «Llevaba los pecados de muchos e intercedía por los malhechores» (53,12).

Jesús en el sermón de la montaña había dicho: «Amad a vuestros enemigos y rezad por los que os persiguen, para que seáis hijos de vuestro Padre celestial» (Mt 5,44-45).

El perdón es un don divino. La ética humana está inclinada más bien a la justicia retributiva, es decir, desde esa perspectiva a cada delito le corresponde necesariamente un castigo siguiendo siempre la vetusta ley del Talión: «ojo por ojo y diente por diente». La lógica de Jesús va más allá. No solo condena esta forma de ejercer justicia, sino que exige el perdón y pide la oración por los perseguidores.

La Carta a los efesios expresa cómo Jesús nos liberó del pecado, nos hizo herederos de su gloria y nos reveló todo el plan de Dios: la unidad universal. Por su sangre, somos libres de las ataduras del pecado y nos abre la puerta a la gracia, todo como don.

De la teología del perdón brota la moral cristiana del perdón: «Sed misericordiosos, como vuestro Padre es misericordioso. Perdonad y seréis perdonados» (Lc 6,36-37). ¿Pero es así, o más bien nuestro proceder es aquel dicho que reza «perdono, pero no olvido»? «¿Hasta cuántas veces tengo que perdonar?». Tenemos que perdonar de todo corazón y cuantas veces nos sintamos ofendidos. Gandhi decía que «el débil no es capaz de perdonar. El perdón es una virtud de los fuertes». «Errar es humano, perdonar es divino» (Alexander Pope).

Perdonar es como curar una herida y devolver la salud al enfermo. En Sal 103,3 se canta: «Él te perdona todos tus delitos y te cura de tus enfermedades». Cuanto más nos sintamos perdonados, tanto más debemos amar. El perdón es un acto libre y personal de amor.

Un momento de reflexión son las palabras de Jesús: «Porque no saben lo que hacen». Los judíos no habían conocido a Jesús y por eso le crucificaron. ¿Cómo transcurre nuestra vida? ¿Hemos reconocido a Jesús? ¿Tiene sentido todo lo que hacemos y realizamos en nuestra vida? ¿Hacia dónde nos dirigimos? ¿Tenemos como finalidad la vida eterna, sin despreciar las cosas terrenales?

El programa de nuestra vida sobre el perdón podemos encontrarlo en dos frases de san Pablo: «Sed bondadosos y compasivos; perdonaos unos a otros, como Dios os ha perdonado por medio de Cristo» (Ef 4,32) y «Soportaos unos a otros y perdonaos si alguno tiene queja contra otro. Del mismo modo que el Señor os perdonó, así también vosotros debéis perdonaros» (Col 3,13).

Oremos
Querido Padre, por la agonía de tu hijo en la cruz, ten misericordia de nosotros y concédenos tu perdón. Amén.

Segunda palabra:
«De verdad te digo, hoy estarás conmigo en el paraíso»
(Lc 23,43)

De Jesús se había profetizado que sería «signo de contradicción» y, durante el breve transcurso de su vida pública, se sentó a la mesa con publicanos y fariseos, se acercó a los marginados y *descartados* sociales. El evangelista Lucas narra que «cuando llegaron al lugar llamado Calvario, crucificaron allí a Jesús y a los criminales, uno a la derecha y otro a la izquierda». Jesús es condenado a muerte como un criminal más, incluso a ese tipo de personas las invitará a seguirlo. Ni en este duro momento en la cruz, Jesús deja de estar con los malhechores.

Algunas traducciones bíblicas llaman a estos criminales «ladrones», de allí que la tradición les haya asociados los adjetivos de «bueno» y «malo» y hasta les hayan dado nombres: Dimas, que fue crucificado a la derecha de Jesús, y Gestas, crucificado a su izquierda. El episodio de la crucifixión recuerda las palabras del libro del Deuteronomio cuando dice: «El que muere colgado de un árbol es maldito de Dios» (21,23).

De estos criminales, uno es el que insulta a Jesús y se burla de él, aun viviendo el mismo suplicio; en cambio el otro, sabe reconocer su culpa: «Nosotros estamos aquí en justicia, porque recibimos lo que merecen nuestras fechorías» (Lc 23,41); entonces es cuando reclama para sí las promesas del Señor: «Acuérdate de mí cuando vengas como rey» (Lc 23,42). La respuesta de Jesús es el pase inmediato al cielo, la gloria celeste, para un hombre maldito que sabe reconocer en Jesús a su Rey y Señor: «Te aseguro que hoy estarás conmigo en el paraíso» (Lc 23,43).

La fórmula «te lo aseguro» es con la que los evangelistas señalan las enseñanzas de la comunidad cristiana. Los judíos esperaban la resurrección después de la muerte. El Reino que ofrece Jesús es algo presente, «hoy», algo que ya se está llevando a cabo. La muerte de Jesús es algo presente, «hoy» también. Es un nuevo modo de existir a partir de la muerte de Cristo y que Pablo se atreve a sintetizar con la expresión: «Resucitados con Cristo» (Rom 6,4-5; Flp 3,10-11; Col 2,12; 3,1-4).

Este «hoy» no debemos explicarlo a partir del «jardín de Dios», sino desde la realidad que explica Pablo: «Sabemos que, si esta tienda en que habitamos en la tierra se destruye, tenemos otra casa, que es obra de Dios; una morada eterna en los cielos, no construida por mano de hombres. Estamos siempre confiados, sabiendo que, mientras habitamos en el cuerpo, caminamos lejos del Señor, porque caminamos en fe y no en clara visión. Pero estamos seguros, y preferimos salir de este cuerpo para vivir junto al Señor» (2Cor 5,1.6-8).

Si el primer Adán, el hombre del pecado, cerró las puertas de la vida, ahora, el nuevo Adán, el que venció la tentación y asumió su ser hombre hasta las últimas consecuencias –que lo llevaron a la entrega de sí mismo en la cruz–, nos introduce en el paraíso de la Vida Nueva. Puede entrar el malhechor que supo asumir su responsabilidad y arrepentirse, regenerándose en su hora definitiva.

Según Raymon E. Brown, el modo original con el que se dirige el buen ladrón a Jesús con un vocativo «es llamativo por su intimidad ya que en ningún otro lugar de los evangelios ningún otro se dirige a Jesús solo por el nombre sin una especificación y calificación reverencial. Es la primera y última persona que manifiesta una confianza tan familiar, aunque sea un criminal condenado. Él es también la última persona sobre la tierra que habla con Jesús antes que él muera».

El reino de Dios, que él pide, y que era el corazón de la predicación de Jesús, no consiste en una soberanía temporal con una dignidad terrena, sino en «un horizonte de luz que ya ha brotado en la historia con la persona y la obra de Cristo y que obtendrá su plenitud fulgurante con su Pascua, después de la muerte, por encima del tiempo y del espacio» (Gianfranco Ravasi).

El «hoy» de Jesús trasciende la cronología del término; es el hoy de Dios, que es, por su naturaleza permanente y eterna, pero se halla injertado en la fluidez del tiempo humano. Es inmediatamente después de la muerte, no en un futuro remoto; ya, ahora, hoy. La vida es estar con Cristo, porque donde está Cristo, allí está el Reino. Como resumen: hablemos menos de la muerte y más de la inmortalidad.

Oremos
Oh Jesús, ven en auxilio nuestro en el momento de nuestra muerte y llévanos a gozar del paraíso prometido al ladrón arrepentido. Amén.

Tercera palabra:
«Mujer, ahí tienes a tu hijo».
«Hijo, ahí tienes a tu madre»
(Jn 19,26-27)

Lo primero que aparece en este pasaje es el sentido ético y social: Cristo entrega el cuidado de su madre al discípulo amado, cumpliendo de este modo con un deber filial, es una manifestación de piedad filial. Jesús era el responsable de atender a su madre, que en estos momentos se supone viuda. Jesús no tiene otros hermanos, por eso encomienda a su madre al discípulo amado y se la da como madre.

El que nos narra este pasaje es el evangelista Juan, que en su evangelio considera a Cristo en la cruz como el Hijo del Hombre ensalzado, en el que se cumplían las Escrituras. El tono del evangelista indica que se trata de la proclamación de la maternidad espiritual de María sobre el discípulo amado que aquí representa a la Iglesia. Este acto recíproco hay que interpretarlo como una demostración de que no solo hay que recibir amor, sino saber darlo sin que importen las circunstancias.

Algunos comentaristas del pasaje se han fijado en los personajes que se hallan junto a la cruz: el discípulo amado y la Magdalena. Estos representarían y serían figura de la nueva comunidad. Los soldados romanos representarían el mundo gentil y, las cuatro mujeres, el mundo judío. Por tanto, junto a la cruz de Jesús se hallaría toda la humanidad.

La escena de la madre y el discípulo pondría fin al las Escrituras y, sin embargo, lo que en realidad ocurre es el cumplimiento de las mismas.

Según san Ambrosio, las palabras de Jesús no son solo un testamento doméstico, sino la revelación de una nueva maternidad espiritual de María. Y lo mismo afirmará Pío XII en la encíclica *Mystici corporis* y san Juan Pablo II en la *Redemptoris Mater*. El hecho de entregar a María a Juan sirve para certificar la virginidad de María, que no tiene otros hijos a quienes ser confiada. Y el hecho de que Juan la reciba significa recibir a la Iglesia como pueblo de Dios, la nueva familia creada en la cruz. Es algo que supera los confines del lugar y del día trágico.

La primera revelación va dirigida a María, llamada con una extraña palabra: «mujer». No es la primera vez que la usa Jesús, ya lo hizo en las bodas de Caná: «¿A ti y a mí qué, mujer? Mi hora todavía no ha llegado». La primera mujer, Eva, era la madre «de todos los que viven» (Jn 2,4). María se ha convertido en la madre de todos los que creen en su Hijo. María, sufriendo y perdonando, se convierte en madre de la Iglesia.

San Juan, al recibir a María como madre, asume a su vez una nueva fisonomía universal. No la recibe como una cosa más entre las suyas, sino en su casa, cuya traducción más exacta sería: la acogió como un don precioso, como una gracia, como una de las cosas más íntimas. No cabe una interpretación únicamente historicista.

Todos hemos nacido de una mujer, hemos tenido una madre terrena y, desde que Juan recibe el encargo de cuidar de la Madre de Jesús, también tenemos una Madre celestial. Seamos hijos fieles de tan excelsa Madre.

Oremos
Madre del dolor y de la esperanza, madre el consuelo, acógenos en tu seno como acogiste al apóstol Juan en el Calvario. Amén.

Cuarta palabra:
«Dios mío, Dios mío, ¿por qué me has abandonado?»
(Mc 15,34; Mt 27,47)

«*Eloí, Eloí, lemá sabaktani*» es el testimonio más antiguo de esta frase dicha por Jesús en lengua aramea y lo relata el evangelista Marcos (15,34). Por su parte, Mateo (27,46) escribirá esta frase en hebreo: «*Elí, Elí, lemá sabactani?*». No es difícil notar que estas palabras se corresponden con el salmo 22 que habría rezado Jesús desde la cruz. Él es, por tanto, el santo inocente, que clama con confianza y al que Dios le responde con la resurrección. Pero conviene fijarse también en todos los clamores que escuchó Jesús y a los que dio respuesta a lo largo de su vida. Jesucristo es la respuesta de Dios, que escucha atento nuestras oraciones y nos libera.

Jesús se ha entregado libremente en sacrificio por la humanidad y en su naturaleza humana se siente abandonado, como había expresado en Getsemaní. Él es el Siervo sufriente de Dios que acepta el sacrificio vicario por la humanidad.

A Jesús lo han abandonado los suyos: Judas le ha traicionado, los demás apóstoles le han dejado solo y han escapado. Incluso Pedro, el fuerte, que había jurado que moriría por él, lo ha negado. Sus amigos le dejaron solo en la noche silenciosa de Getsemaní mientras oraba, sufría y era arrestado (cf Mc 14,32-43).

También se siente solo y casi ignorado por el Padre divino, en el sentido etimológico de la palabra, un «sin Dios», un «ateo». «Es el drama profundamente humano de la separación radical de Dios que parece indiferente al grito del Hijo y que permanece desterrado en el cielo dorado de su trascendencia» (Ravasi).

Jesús se ha dirigido hacia el cielo y lo ha encontrado vacío de la presencia trascendente y el sufrimiento se presenta como algo absurdo.

El salmo 83 reza: «Oh Dios, sal de tu silencio, no te quedes inmóvil y callado». Dios aparece como un emperador impasible en su trono.

Recuerda la imagen de otros tiempos, en la que confiaron sus antepasados y consiguieron salvarse. Pero donde Dios parece más lejano es allí donde es más cercano.

José María Cabodevilla escribió: «¿Cómo entender tal desamparo? Dios lo abandonó, como dice la teología, *non recedendo, sed non adiuvando:* no alejándose de él, sino privándole de su socorro. Un vacío por dentro, una fuga de las entrañas, un removerse de todo soporte íntimo. Nadie sabrá nunca como el Hijo qué es ser abandonado por el Padre, porque nadie ha sabido como el Hijo qué es estar unido al Padre, descansar en Él, servirle y ser relegado por Él».

Oremos
Dios mío, Dios mío, hoy tengo certeza de que no me abandonas, de que siempre estás conmigo. Que pueda confiar en tu palabra de Padre y liberarme de las cadenas del pecado. Amén.

Quinta palabra:
«Tengo sed»
(*Jn 19,28*)

La sed de Cristo en la cruz hay que interpretarla como expresión de dos tipos de ansias. En primer lugar, se trata de una sed fisiológica, una necesidad primaria de la fisiología humana y que constituye uno de los mayores tormentos de los crucificados. En sentido alegórico, como la sed espiritual de Cristo de consumar la redención para la salvación de todos.

En un contexto geográfico marcado por la sequía, 1500 versículos de la Biblia se hallan idealmente *bañados* por la evocación del agua. La Madre Teresa de Calcuta afirmaba: «Esta palabra, escrita en la pared de cada una de las capillas, no se refiere solo al pasado, sino que es también actual. Es el mismo Cristo quien os dice: "¡Tengo sed!"».

Adquiere, pues, una dimensión espiritual. Estamos en presencia de un acto consciente y no solo ante un impulso instintivo e irresistible de un sediento.

«Había allí un vaso lleno de vinagre; empaparon una esponja en el vinagre, la pusieron en una caña y se la acercaron a la boca. Cuando Jesús lo probó, dijo: "Todo está cumplido"» (Jn 19,29-30).

El vinagre, en la tradición bíblica, es un signo negativo: «Como el vinagre a los dientes y el humo a los ojos, así es el mensajero perezoso para quien le envía. Echar vinagre sobre una llaga es cantar canciones a un corazón afligido» (Prov 10,26; 25,20).

El salmo 63, definido «como el canto del amor místico» se expresa así: «Desde el amanecer ya te estoy buscando, mi alma tiene sed de ti, en pos de ti mi ser entero desfallece cual tierra de secano árida y falta de agua».

Jesús es un mendigo de agua. «Dame de beber», le dice a la Samaritana junto al pozo de Sicar. Se halla cansado por el largo camino realizado y siente sed física. Pero, a través del relato se puede ver que ni Jesús llega a beber del pozo de Jacob, ni la Samaritana siente necesidad de llenar el cántaro, el fin por el que había ido allí.

La conversación discurre por caminos de enfrentamiento: un judío que pide beber a una samaritana, que no se tratan, pues les diferencia el templo: el de Jerusalén y el del Garizín. La verdadera adoración de Dios será en espíritu y en verdad.

Jesús se refiere al agua viva, que salta hasta la vida eterna; la Samaritana al agua física que sacia la sed material para que no tenga que venir todos los días a sacarla del pozo. Al final, la Samaritana ha descubierto a Jesús como Mesías, se ha convertido en misionera de Jesús entre sus compatriotas y ha encontrado en Jesús al único que le da la vida eterna: «la mujer dejó allí el cántaro».

El agua que se va a beber realmente es el Espíritu que Jesús entregará cuando sea glorificado. La sed de Jesús queda clara y definitivamente unida con la donación del Espíritu, pues va a comenzar la hora del Espíritu y Jesús siente una sed ardiente de dar el Espíritu, al que tantas veces se ha aludido en el evangelio.

El juicio final consistirá precisamente también en esto: «El que dé de beber a uno de estos pequeñuelos tan solo un vaso de agua fresca porque es mi discípulo, os aseguro que no perderá su recompensa» (Mt 10,42).

«La sed de Jesús es una sed de amor por las personas tal como son, con su pobreza y sus heridas, con sus máscaras y sus mecanismos de defensa y también con toda su belleza. Su sed es que cada uno de nosotros –grande o pequeño, no importa– pueda vivir plenamente y estar colmado de alegría» (El Arca).

Que sintamos sed de Dios: «El que viene a mí no tendrá hambre y el que cree en mí no tendrá sed jamás» (Jn 6,35).

Es como si Dios nos susurrara dulcemente al oído: Toda tu vida he estado buscando tu amor; nunca he dejado de amarte ni de buscar tu amor. Has intentado muchas otras cosas en tu búsqueda de la felicidad. ¿Por qué no intentas abrirme tu corazón, ahora mismo, más de lo que lo hayas hecho nunca? Cuando tú abras la puerta de tu corazón, cuando te acerques, me oirás decir una y otra vez, no en meras palabras sino en espíritu: «No importa lo que hayas hecho, te amo por ti mismo. Ven a mí con tus miserias y tus pecados, con tus problemas y tus necesidades, y con todo tu anhelo de ser amado. Yo estoy a la puerta de tu corazón y llamo… Ábreme, pues tengo sed de ti».

Oremos

Oh, Señor, tengo sed de ti. Sacia mi alma del manantial de tu amor y misericordia en la hora de la angustia y la desolación. Amén.

Sexta palabra:
«Todo está cumplido»
(Jn 19,30)

Esta expresión, con frecuencia se cita en latín *(consummatum est)*, pues se ha convertido en un verdadero tópico literario –en términos escriturísticos, en una perícopa–. Se puede interpretar como la proclamación en boca de Cristo del cumplimiento perfecto de todo lo que se había escrito de él, de su persona, en la Sagrada Escritura.

Esta palabra pone de manifiesto que Jesús era consciente de haber cumplido hasta el último detalle de su misión redentora y la culminación del programa de su vida: cumplir la Escritura haciendo siempre la voluntad del Padre. Más que una palabra de agonía, es de victoria: «Todo está concluido». Se trata de la satisfacción que produce en la persona la obra bien realizada. No es una expresión de algo que se acaba, sino de algo que comienza, de algo nuevo. El grito de Jesús es un grito de triunfo. Todo lo hago nuevo.

Se ha escrito «que esta expresión se usa con frecuencia para expresar que una lenta y grave tragedia se ha acabado o, simplemente, que algo largo y penoso ha tenido su fin». Por contra, más que una derrota, evoca directamente una meta alcanzada. Se ha llevado a plenitud cuanto estaba escrito en el Antiguo Testamento.

«Yo te he glorificado en la tierra, llevando a término la obra que me encomendaste» (Jn 17,4). «Mi alimento es hacer la voluntad del que me envió y completar su obra» (Jn 4,34). Se trata de un cumplimiento en el amor: «Jesús, que había amado a los suyos que estaban en el mundo, los amó hasta el fin» (Jn 13,1). «En el amor no hay temor; por el contrario, el amor perfecto desecha el temor, pues el temor supone castigo, y el que teme no es perfecto en el amor» (1Jn 4,18).

La última palabra de Cristo no se puede equiparar a un lamento de resignación, a una derrota, sino que es el sello de una gran obra. Clavado en la cruz, que es un patíbulo humillante, Cristo convierte la venganza de la condena en la majestad gloriosa y regia de su divinidad: «Como levantó Moisés la serpiente en el desierto, así será levantado el hijo del hombre, para que todo el que crea en él tenga vida eterna» (Jn 3,14-15).

«Inclinada la cabeza, entregó su espíritu». Estas palabras tienen un doble significado, por una parte, indican que murió, que llegó la hora de su paso al Padre, el final de su ciclo vital, porque era hombre-Dios; y por otra parte, como sugiere san Juan, se trata explícitamente de un don: el don del Espíritu. Lo que sucederá el día de Pentecostés: «Sopló sobre ellos y les dijo: "Recibid el Espíritu Santo"» (Jn 20,22).

El cardenal Ravasi afirma: «Aquel que puede "realizar" la creación y la redención puede, con su poder salvador, "llevar" hasta la perfección también nuestra existencia. "Pues Dios es el que produce en vosotros tanto el querer como el actuar tratando de agradarle" (Flp 2,13). Pues "estoy seguro de que Dios, que empezó a trabajar en vosotros seguirá perfeccionándoos hasta el día de Cristo Jesús" (Flp 1,6)».

Oremos
Que se cumplan en mí tus promesas, Señor, para contemplarte cara a cara en el día final. Amén.

Séptima palabra:
«Padre, en tus manos encomiendo mi espíritu»
(Lc 23,46)

Es la última palabra que se atribuye a Jesucristo y se interpreta como un ejemplo de la confianza que debe tener un cristiano ante la entrada en el mundo espiritual: las postrimerías, la muerte.

Si recordamos la palabra pronunciada por Jesús en la primera de las siete palabras: «Padre, perdónales porque no saben lo que hacen», veremos que está acompañada por un tono de voz de moderada serenidad. Es una invocación abierta a un acto de extrema y suprema confianza a un Dios que lo perdona todo: «Padre, perdónalos» (Lc 23,34). Lucas reduce el relato a lo esencial: afirmación de su muerte y nombramiento de unos testigos que avalan la realidad del acontecimiento: Jesús murió realmente. Debemos tener presente que los evangelios no son una narración histórica en sentido académico ni datos oficiales de hechos y dichos, sino que son relaciones de acontecimientos históricos, pero interpretados a la luz de la fe cristiana, son «redacciones» elaboradas según un ángulo de vista específico: cristológico-pascual.

El evangelista Mateo describe este momento en un contexto cósmico: «Entonces el velo del Templo se rasgó en dos de arriba abajo; la tierra tembló y las piedras se resquebrajaron; se abrieron los sepulcros y muchos cuerpos de santos que estaban muertos resucitaron y, saliendo de los sepulcros, después de la Resurrección de Jesús, entraron en la ciudad santa y se aparecieron a muchos» (Mt 27,51-53).

En el relato de la Pasión, el evangelista está empleando las mismas imágenes de este género literario para señalar a sus lectores que la muerte de Jesús debe ser interpretada como una presencia de Dios, una teofanía. La presencia de Dios se hace manifiesta con la muerte de Jesús.

Los evangelios, por tanto, presentan los acontecimientos de la vida de Cristo «anunciándolos» en toda su profundidad, interpretándolos a la luz de la fe, para descubrir el significado profundo de salvación. Lo que había sido anunciado en el Antiguo Testamento se ha realizado de manera completa en Jesucristo. Los que custodiaban a Jesús, llenos de temor, exclaman: «Verdaderamente este era el Hijo de Dios» (Mt 27,54).

«Y saliendo de sus sepulcros, después de la Resurrección de Jesús, entraron en la ciudad santa y se aparecieron a muchos» es el testimonio y confirmación de la precedente Resurrección de Cristo.

«Esta muerte es la raíz de la fe cristiana en la resurrección y la entrada de la eternidad en la caducidad de la existencia humana; es la revelación directa del misterio de Dios que se hizo hombre para transfomar a toda la humanidad poniéndola en comunión con su divinidad y su vida eterna» (Ravasi). Esta es su profunda densidad.

En el salmo 31, Dios es visto y experimentado como el amigo y fiel aliado que no falla en los momentos de angustia. ¿Por qué tanta confianza? Porque sabe que en el pasado el Señor escuchó el clamor de los israelitas y los liberó.

En este salmo el Señor recibe algunos títulos significativos: «Roca», «fortaleza», «baluarte». Son términos vinculados con la idea de defensa y protección. El Señor se presenta como «mi Dios», expresión profundamente unida a Alianza. Abandonado por todos, entregó su espíritu al Padre, depositando en Él toda su confianza.

«Padre, en tus manos encomiendo mi espíritu». La palabra «Padre» está siempre presente en el evangelio: «¿No sabíais que debo ocuparme en las cosas de mi Padre?» (Lc 2,49). «Te doy gracias, Padre, porque has escondido estas cosas a los sabios y entendidos…» (Lc 10,21). «Padre, todo te es posible; aparta de mí este cáliz» (Mc 14,36). Jesús pone en las manos de Dios todo lo que es y posee. Remite a la fuente divina no solo el río de su vida, sino también toda su misión.

Para esta luz la muerte no es una derrota, un precipitarse en el abismo, sino un abrazo; no es un sinsentido, sino fiarse de un proyecto superior. Según Rainer M. Rilke: «La muerte, de enigma se convierte en un misterio; de una finalidad en un fin», como hemos descubierto en las últimas palabras de Jesús en la cruz según san Juan (19,30).

Oremos
Padre, en tus manos encomiendo mi mente, mi voluntad y mi corazón, en una palabra, todo mi ser: transfórmalo para que pueda yo afirmar con san Pablo «ya no vivo yo, pues es Cristo el que vive en mí». Amén.

Resucitó

El dato central de la predicación apostólica y el fundamento de la fe cristiana es la resurrección. Sin ella todo habría acabado en el Calvario, en un fracaso, tal y como lo entendieron lo apóstoles en un principio. Tal vez también nosotros nos hemos quedado en la muerte, en la cruz de Jesús, en el sepulcro, y no hemos llegado a la resurrección. La crucifixión no solo significaba la muerte, la injusticia, el absurdo, suponía también una expresión de entrega total, porque en medio de ese absurdo resuenan las palabras de Jesús: «Nadie me quita la vida, yo la entrego libremente».

La resurrección se define como la victoria del hombre sobre la muerte, recuperando la vida para siempre incluso en la dimensión corporal. Es una obra exclusiva de Dios que aparece ya en el Antiguo Testamento: «Y muchos de los que duermen en el polvo de la tierra se despertarán; unos para la vida eterna; otros para la vergüenza y la ignominia perpetua. Los sabios brillarán entonces como el resplandor del firmamento, y los que enseñaron a muchos la justicia como las estrellas por toda la eternidad» (Dan 12,2-3). La creencia en la resurrección era compartida por los ambientes más religiosos del tiempo de Jesús: «Marta respondió: "Sé que resucitará en la resurrección de los muertos en los últimos días"» (Jn 11,24).

Con respecto a Jesús, la resurrección es el sí de Dios a toda su vida y su obra. Es el momento en que se rompe el aparente silencio que mantiene Dios en la Pasión de su Hijo y deja claro que la verdad tiene la primacía sobre el mal, es el espaldarazo definitivo de Dios a la vida de Jesús: «No está aquí: ha resucitado, tal como lo había anunciado» (Mt 28,6).

Jesús se proclama a sí mismo como «la resurrección y la vida» (Jn 11,25). Su Resurrección nos afecta a todos los hombres y mujeres: «Pues cuando resuciten de entre los muertos no tendrán esposa ni marido, sino que serán como ángeles en el cielo» (Mc 12,25-27). Realiza resurrecciones provisionales como signo de la resurrección definitiva. Es presentado por los autores del Nuevo Testamento como fundamento, primicia y modelo de la resurrección de los cristianos: «Hemos sido injertados en él y participamos de su muerte de forma simbólica; pero también participaremos de su Resurrección» (Rom 6,5-8).

«Y si el Espíritu de aquel que resucitó a Cristo de entre los muertos está en vosotros, el que resucitó a Jesús de entre los muertos dará también vida a vuestros cuerpos mortales: lo hará por medio de su Espíritu que ya habita en vosotros» (Rom 8,11).

«Y Dios, que resucitó al Señor, nos resucitará también a nosotros con su poder» (1Cor 6,14).

Por tanto, existe la resurrección de los muertos. En ella se asienta nuestra fe: «Pues bien, si se predica que Cristo resucitó de entre los muertos, ¿cómo algunos dicen que no hay resurrección? Si no hay resurrección de los muertos, tampoco Cristo resucitó. Pero si Cristo no fue resucitado, nuestra predicación ya no contiene nada ni vuestra fe tampoco... Porque si los muertos no resucitan, tampoco resucitó Cristo... Pero no, Cristo resucitó de entre los muertos, y resucitó como primer fruto ofrecido a Dios, el primero de los que duermen… Y es que la muerte vino por un hombre, y por eso también la resurrección de los muertos viene por medio de un hombre. Todos mueren por ser de Adán, y todos también recibirán la vida por ser de Cristo. Pero cada uno a su tiempo. A la cabeza, Cristo: en seguida los que sean de Cristo cuando él venga» (1Cor 15,12ss).

«Le fue contado», estas palabras de la Escritura no valen solamente para él, sino también para nosotros. Se nos toma en cuenta la fe en Dios que resucitó de entre los muertos a Jesús, Señor nuestro, el cual fue entregado por nuestros pecados (Is 53,5) y fue resucitado para que fuéramos constituidos santos (cf Rom 4,23-25).

«Sabemos que Aquel que resucitó a Jesús nos resucitará también con Jesús, y nos pondrá a su lado con vosotros» (2Cor 4,14).

Dios nos demostró cuánto nos amaba al darnos la misma vida de Cristo. La salvación de Dios es un don gratuito de su amor. Antes de la fe vivíamos en el pecado y bajo el signo de la reprobación: «Y a los que estábamos muertos por nuestras faltas nos dio vida con Cristo. ¡Por gracia habéis sido salvados! Y Dios nos resucitó con Cristo, y nos sentó con él en los cielos» (Ef 2,5-6).

Lo importante es conocer y seguir a Cristo en la fe: «Con esa justicia que da Dios a los que creyeron, alcanzaré a conocer a Cristo y el poder de su Resurrección; tendré parte en sus sufrimientos, hasta ser semejante a él en su muerte, para encontrarlo, Dios lo quiera, en la resurrección de los muertos» (Flp 3,10-11).

El Padre nos llevó al reino de Cristo que es el modelo y el fin del universo y la cabeza de la Iglesia. Y él es también la cabeza del cuerpo, es decir, la Iglesia. Él es el principio, que renació antes que nadie de entre los muertos, para tener en todo el primer lugar (cf Col 1,18).

Hay que vivir como resucitados, vivir como hombres nuevos requiere unos compromisos. Resucitados con Cristo, busquemos «los bienes de arriba, donde se encuentra Cristo, sentado a la derecha de Dios; pensad en las cosas de arriba, no en las de la tierra. Pues habéis muerto, y vuestra vida está escondida con Cristo en Dios» (Col 1,1-3). Vivamos como resucitados, lo que se manifiesta en la alegría pascual, ya que no caminamos hacia la nada, hacia el absurdo. «Revestíos de sentimientos de tierna compasión, de bondad, de humildad, de mansedumbre, de paciencia» (Col 3,12).

Oremos

Quiero resucitar contigo Señor. Te he acompañado en tu agonía, quiero que me acompañes el resto de mi vida, con mis derrotas y triunfos, con todo lo que soy y lo que tengo. Que tu luz liberadora irradie mi alma. Amén.

Conclusión

«Jesús de Nazaret, el cual pasó haciendo el bien y curando a los oprimidos por el demonio, porque Dios estaba con él» (He 10,38), es el mismo hombre que cuelga de ese madero infame en lo alto de aquel túmulo inmenso de maldades, egoísmos y soledades. Este madero se convierte hoy en cátedra, atril misericordioso de donde brota el más grandioso río de misericordia.

El discurso pronunciado por Pedro, en el que describe la vida de Jesús el nazareno registrada en los Hechos de los apóstoles, bien puede servir como el más hermoso epitafio jamás escrito. Esto es Evangelio: Jesucristo, Hijo de Dios, se revela como la palabra divina hecha carne, como el verbo que da significación a toda acción salvífica. Con sus enseñanzas y acciones, Jesucristo se presenta ante el pueblo como maestro que desde la cátedra expone las más hermosas lecciones.

Y no existe más hermoso púlpito que la cruz. Desde ese púlpito de madera, atrae a todos hacia él. Allí Cristo nos da la lección más grande de amor entregándose a sí mismo. El instrumento de tortura «más cruel y aterrador» que pudo existir en la antigüedad es hoy para nosotros el atril más elocuente que expone a la Palabra que ahora expira.

Qué incomprensible misterio. La Palabra es apagada por el sordo sonido de los clavos que taladran las manos creadoras, los pies que han acompañado a todos por los más polvorientos caminos. Tras ello, el mayor testamento es pronunciado: siete frases que resuenan en nuestros corazones inertes que contemplan impasible aquella dolorosa escena.

Un hombre clavado en una cruz, expuesto como el más grotesco espectáculo para la diversión de los demás, solo cuenta con la compañía de su madre, el más joven de sus discípulos y algunas mujeres. A ellos y a cuantos allí estaban, Jesús crucificado les sirve de puente, de diálogo entre el cielo y la tierra.

Es un diálogo de súplica serena al Padre, de principio a fin, oración de confianza y entrega de la humanidad al amparo maternal de la madre y la promesa de la bienaventuranza eterna al pecador arrepentido.

Ahora, al contemplar a aquel que cuelga del madero, al maldito que redime a los que hemos sido maldecidos, contemplamos también la palabra de Dios que nos susurra: «No temas, pues yo te he redimido» (Is 43,1).

A ese Cristo que es nuestra esperanza, le decimos confiados:

Mírame,
¡oh mi amado y buen Jesús!,
postrado ante tu Santísima presencia;
te ruego, con el mayor fervor y
compasión de que soy capaz,
que imprimas en mi corazón vivos sentimientos de fe,
esperanza y caridad.
Verdadero dolor de mis pecados,
propósito firmísimo de jamás ofenderte.

Mientras que yo,
con todo el amor de que soy capaz
voy considerando tus cinco preciosas llagas,
comenzando por aquella que dijo de ti,
oh buen Jesús,
el santo profeta y rey David:
¡«Han taladrado mis manos y mis pies
y se pueden contar todos mis huesos»!

Los
siete dolores
de María

Introducción

En lo más alto de una montaña, envuelta en las más oscuras nubes de incertidumbre y menosprecio, el grito desgarrador de un hombre abre los cielos y la tierra para dar paso a la desolación más profunda. Es la hora de la soledad, de la angustia y la incertidumbre. Es la hora de la esperanza. Aquella que anida en el corazón creyente de una madre que mientras su hijo sufría las más violentas vejaciones, ella, asociada a su dolor, solo se atrevía a ver en su interior y traer a su memoria aquella profecía que en su momento no comprendió, pero ahora se hacía patente: «Una espada te atravesará el corazón» (Lc 2,35).

Ahora te acompañamos, Madre, en tu soledad y dolor, rememorando aquellos episodios de tu vida en los que, sin comprenderlo, te dejabas llevar por esa fe inquebrantable que te hizo pronunciar la palabra que dio paso a la Palabra: «Hágase». En tu corazón rebosante de esperanza, señora, quiero estar y acogerte en el mío, como el discípulo al que recibiste al pie de la cruz.

Oración inicial

Oh Señora de la esperanza, Virgen de los Dolores, que contemplaste a tu Hijo martirizado en la cruz, desde donde te dio en herencia a la humanidad entera, acéptame como hijo y permíteme asociarme a tus dolores como lo estuviste tú a los padecimientos de tu hijo. Que podamos redescubrir la belleza de la vocación cristiana a la santidad y podamos ver el rostro de Cristo sufriente en quienes tenemos a nuestro alrededor y necesitan de nuestra ayuda y consuelo.

Escúchanos, María: haz que todos los hombres acojan al divino Maestro, Camino, Verdad y Vida, que sean hijos comprometidos de la Iglesia; que toda la tierra cante tus glorias, te proclame como Madre, Maestra y Reina, y así todos lleguemos a participar de la felicidad eterna.

¡Madre, acompáñame durante la vida, asísteme constantemente y, en especial, a la hora de la muerte! Amén.

Primer dolor:
La profecía de Simeón
(Lc 2,25-35)

Ante el paso del Rey que entra en el Templo, sale al encuentro el anciano profeta que con pocas palabras definirá la vida y misión del pequeño que va cargado en brazos por su madre: él será la salvación y la luz de todas las naciones, el signo que Israel esperaba para su liberación y la esperanza que unirá a todos los pueblos de la tierra. Tras los más grandes elogios proferidos sobre el niño, Simeón pronuncia la profecía que marcará la vida de la madre: «Una espada te atravesará el corazón». Es el mismo corazón que guardó todos los acontecimientos más grandes de la historia de la salvación sin darse siquiera cuenta de ello. Era el corazón de la mujer que acogía su rol de madre, acompañando en todo a su Hijo con discreción y prudencia, con humildad y solicitud. Aquel encuentro con Simeón únicamente podía significar que Dios anuncia a

María su sufrimiento y, a la vez, los frutos de su entrega generosa. María es ejemplo de fidelidad en un mundo lleno de desaciertos y desencuentros, es modelo de obediencia cuando esta virtud es vista como sometimiento. Es esperanza cuando nada parece tener sentido. En fin, es el modelo de mujer perfecta que sabe desempeñar su papel con firmeza y presteza.

Oremos
Madre dolorosa, nuestro mundo vive sumido en las tinieblas de la violencia, la incomprensión y el desánimo. Intercede ante tu Hijo, luz de las naciones, para que ilumine nuestra mente y nuestro corazón de manera que podamos ser para los demás signo visible del amor del Padre. Amén.

Se reza un Padrenuestro y siete Avemarías por cada dolor de la Virgen.

Segundo dolor:
La huida a Egipto
(Mt 2,13-15)

¿Cómo puede el nacimiento de un niño generar tanta conmoción, incluso hasta el punto de ser condenado a muerte desde su nacimiento? ¿Qué tipo de sentimientos se acumularon en una madre consciente de toda esta situación? El texto bíblico, más adelante, mencionará a Raquel, figura del Antiguo Testamento que el profeta Jeremías utilizará para ilustrar la deportación de Israel. Ella es la madre sufriente que llora por sus hijos tras su fallecimiento. María, en el exilio, busca salvar la vida del autor de la Vida. Raquel es el modelo de madre desconsolada que sufre ante la pérdida de sus hijos. María es la madre que entregó a su Hijo para que la humanidad se redimiera. La angustia del migrante que busca refugio por culpa de la tiranía humana es el reflejo del dolor que sintió esa madre al huir con su hijo en brazos. Como Madre, es también maestra, es decir, sabe enseñar con discreción, en silencio, sin publicidad, pero con diligencia. Aprender de ella es tarea primordial del cristiano que está en búsqueda, que se exilia en las falsedades de la vida porque se deja encadenar por la tiranía del consumismo y la mediocridad.

De María aprendamos a hacer silencio para que Dios hable, a huir de las ocasiones en que nuestra dignidad se ve amenazada, a acompañarla en el destierro.

Oremos
Madre y Maestra de fe, Bienaventurada María, danos fortaleza en los momentos de prueba y alivia nuestras cargas para poder peregrinar con esperanza por las sendas del sufrimiento y el abandono. Amén.

Se reza un Padrenuestro y siete Avemarías por cada dolor de la Virgen.

Tercer dolor:
Jesús perdido en el Templo
(Lc 2,41-50)

«Hijo, ¿por qué has hecho esto?» es el reclamo de una madre angustiada ante la actitud del hijo que solo cumple su misión: enseñar. Es el Maestro divino que enseña, orienta, forma y nos instruye. ¿Había cabida para la regañina? Aquellos padres primerizos estaban confundidos, quizá consternados, no podían comprender. Cuando el sentimiento de pérdida se apodera de las personas, afloran la tristeza o la ira. En la mayoría de casos, son ambas sensaciones las que abren paso a la desolación. Cuántas madres hoy lloran ante la incomprensión de sus hijos, la falta de interés y hasta el olvido. Cuántas madres hoy lloran la ausencia de sus hijos, que se ocupan de muchas cosas menos de lo que de verdad importa. Cuántas madres lloran por la pérdida de sus hijos, arrebatados por el odio y la mezquindad de quienes creen poseer el derecho sobre la vida de los demás. Son muchas las personas que hoy en el mundo se asocian al dolor de María que entregó a su Hijo en los brazos del Padre. En Jerusalén salió a buscarlo llena de angustia. En el Calvario salió a su encuentro para luego entregarlo.

De María aprendamos la resiliencia y la paciencia de saber esperar y comprender los duros golpes de la vida para, con alegría, merecer el encuentro pascual con el Señor de la vida.

Oremos
Jesús que, al perderte en mis afanes y preocupaciones diarias, vengas a mi encuentro como María fue en tu busca, para entregarte después en la cruz con la esperanza de que, solo a través del sufrimiento, se llega al gozo de la Pascua. Quiero acompañar a María a buscarte para que nunca más te apartes de mí. Amén.

Se reza un Padrenuestro y siete Avemarías por cada dolor de la Virgen.

Cuarto dolor:
María encuentra a su Hijo camino del Calvario
(Lam 1,12)

Vosotros todos,
los que pasáis por el camino
mirad y ved si hay dolor
como el dolor que me atormenta...

Aquí se entrelaza el camino de la cruz con el camino de la Madre del dolor. Ambos peregrinos se cruzan y sus miradas se abrazan en el amor más puro que pueda existir, el amor de una madre. En el pasado, María buscó al niño que no estaba en la caravana, ahora busca al hombre entre la muchedumbre que lo abuchea como criminal, «como cordero llevado al matadero, como oveja ante sus esquiladores». Ella, madre y mujer, solo saber mirar con ojos de ternura y compasión a quien llevó consigo en sus entrañas. Qué dolor más grande. Nadie se atreve a intervenir. Es la hora de la decisión. La hora del amor. Este es el dolor que experimentamos al ver a nuestros seres queridos en medio del sufrimiento de las enfermedades o la miseria. Es el dolor de quien ve al amigo que sufre las incomprensiones y las burlas de los demás. Es, en fin, el dolor al que nos asociamos cuando la injusticia reina en la vida de las personas hasta hacerlas marchitar en la angustia y el desánimo.

De ti María, queremos aprender a mirar con ojos de bondad y esperanza a quien lo necesita, a quien está pasando por los momentos más duros de su vida o a quien realmente no tiene ánimo de nada. Aprendamos de la mujer que sale al encuentro de su Hijo, aun temiendo lo que pueda pasarle, a amar sin condiciones.

Oremos
Querida y tierna madre, se ha cumplido la profecía de Simeón: una espada ha traspasado tu alma. Por el dolor tan grande de ver a tu Hijo sufriente, intercede ante él para que, en medio de la angustia y el sufrimiento, pueda ser yo una luz de esperanza para los demás. Amén.

Se reza un Padrenuestro y siete Avemarías por cada dolor de la Virgen.

Quinto dolor:
Jesús muere en la cruz
(*Jn 17,25-30*)

Contemplar a María al pie de la cruz es contemplar la serenidad y la paciencia de quien sufre en silencio. Es contemplar en María a la mujer llena de gracia que abrazó la palabra del Señor hasta entregar a su Hijo. Este es el punto de encuentro entre la madre terrena que entrega a su Hijo al cielo y el Padre celeste que entrega a su Hijo a los hombres. Ambos entrecruzan su mirada en la cruz. Ella que mira hacia lo alto, donde su Hijo atrae a todos hacia él, y Dios que baja su mirada para contemplar al levantado en la tierra por amor a la humanidad. En María nos reconocemos cuando elevamos nuestra mirada al cielo buscando consuelo, cuando esperamos solo la voluntad de quien nos ha creado. En ella vemos a tantas personas que, en medio de las vicisitudes de la vida, aguardan con esperanza. Jesús nos entrega a María como madre y nosotros la recibimos como hijos. Es el momento de la maternidad divina de María en la humanidad. Con dolor de madre nos da a luz en el discípulo. Acojamos a la Madre del redentor en nuestros corazones, para que ella nos acerque más a su Hijo y «vivir en la fe en el Hijo de Dios, el cual me amó y se entregó a sí mismo por mí» (Gál 2,20).

Oremos
Estabas, Madre, a los pies de la cruz de tu Hijo, padeciendo con él en el silencio de tu dolor. Por ese dolor tan grande, ayúdame a soportar con alegría mis dolores, de modo que pueda glorificar al Señor en todo momento, más allá de nuestros sufrimientos. Amén.

Se reza un Padrenuestro y siete Avemarías por cada dolor de la Virgen.

Sexto dolor:
Jesús es bajado de la cruz
y entregado a su Madre
(Mc 15,42-46)

Es el paso del Señor, la Pascua. Bajan a Jesús de la cruz y pasa por el regazo de su madre, que lo recibe tal cual como lo habría recibido tantas veces en su niñez. Para las madres, sus hijos siempre serán frágiles e indefensos. Pero en este caso, para María, recibir a su Hijo era recibir al cordero inmolado para la Pascua. La sangre con la que manchaban las puertas de las casas ahora mancha la cruz y los vestidos de una madre que sufre porque sostiene en sus brazos al ser de sus entrañas. Ya no hay miradas que se entrecrucen. Solo un cuerpo sucio y sangrante al que se le pueden contar todos sus huesos. Es un momento de intimidad entre la Madre y el Hijo que se despiden en silencio. Después del terror y la tempestad, la calma parece apacentar las angustias de quienes fueron testigos de los horrores sucedidos en esa tarde. Ver a María en esa escena inmortalizada en la «Piedad» conmueve las entrañas y nos agita el corazón. Nos mueve a la compasión ante las miles de personas que lo han perdido todo y lloran desconsolados ante el desastre. Nos recuerda que el sufrimiento existe y que, si se puede expresar de tal manera en un material pétreo e inerte, en la realidad es aún más desconsolador.

Oremos
Oh, María, Madre de la consolación, de la esperanza y del amor, háblale a tu Hijo de todos aquellos que sufren el desánimo de una vida cargada de tristezas y angustias, para que, junto a ti, puedan abrazar a Jesús. Amén.

Se reza un Padrenuestro y siete Avemarías por cada dolor de la Virgen.

Séptimo dolor:
Sepultura de Jesús y soledad de María
(Jn 19,38-42)

Es la hora de la soledad. La hora de volver a casa y sentir el vacío. Es la hora de la búsqueda sin éxito. Es la hora de la verdadera prueba para quien experimenta una pérdida. En la intimidad con el Señor, brotan nuestros más sinceros sentimientos. Nos hacemos frágiles y vulnerables ante el silencio que queda. María, que supo conservar todas las cosas en su corazón, guarda también ahora este instante de martirio asociado a la redención de la humanidad. Qué paradójico es que en este mundo globalizado haya tanta soledad entre quienes creen poseerlo todo y al final no tienen nada. Nos aislamos cada vez más en nuestras seguridades e ideas, pretendiendo imponérselas a los demás egoístamente, sin darnos cuenta de que a nuestro alrededor estamos sembrando un cerco de púas para que nadie pueda acceder. O, en este mundo donde impera la persecución y el odio, nos recluimos en nosotros mismos, tratando de huir de la marginación, el desprecio o el rechazo de quienes no son capaces de amar.

Que sepamos gestionar nuestra soledad como María, que creyó hasta el final y aguardó con fidelidad a la Palabra, de modo que su soledad solo sea el punto de partida de una esperanza que no defrauda.

Oremos
Madre, Maestra y Reina, que al experimentar la soledad podamos recurrir a ti, de modo que de tu mano seamos capaces de llegar a Jesucristo, nuestro hermano y Señor. Amén.

Se reza un Padrenuestro y siete Avemarías por cada dolor de la Virgen.

Oración final

María, Madre mía,
amargo mar de tormento,
ruega por mí en mi agonía
y haz que, en mi último aliento,
alma y voz digan: «María».

Madre mía, pequé.
Por tu martirio de soledad,
alcánzame de Jesús con sus perdones,
una buena vida y una santa muerte.
Me pesa en el alma haber traspasado
su corazón y el tuyo con la espada de dolor.
Amén.

Índice